Verliebte, Freier, Eheleute -
beobachtet von Wilhelm Busch

Verliebte, Freier, Eheleute - beobachtet von Wilhelm Busch

Liebe - sagt man schön und richtig -
ist ein Ding, was äußerst wichtig.

SCHNELL

SCHNELL Buch & Druck
Warendorfer Lieblingsbücher

Verliebte, Freier, Eheleute -
beobachtet von Wilhelm Busch
Gesammelt und präsentiert von
Ulrich Gehre

Oststraße 24, 48231 Warendorf
Herstellung:
Weserdruckerei Stolzenau GmbH
3. Auflage Januar 2008
ISBN 978-3-87716-874-5

Zu diesem Buch

Wilhelm Busch (15.4.1832-9.1.1908), der in seinen Lehr- und Wanderjahren und vor allem im ausgelassenen Freundeskreis Jung-München dem schönen Geschlecht durchaus zugetan war und später, als reifer Mann, einen ausgiebigen Briefwechsel mit drei Damen *„über den platonischen Zaun“* führte, ist gleichwohl einspännig durchs Leben gegangen. Ja, so sehr behagte dem *„Einsiedler von Wiedensahl“* schließlich das Alleinsein, dass er aus voller Überzeugung anstimmte: *„Wer einsam ist, der hat es gut“ („Zu guter Letzt“).* Kann man denn einen solchen Ehemuffel als Kronzeugen anrufen für unser Thema *„Verliebte, Freier, Eheleute“*?

Wir meinen, gerade wegen dieser Außenseiterrolle, die sich mit Wilhelm Buschs treffsicherer Beobachtungsgabe paart, sei der vielseitig begabte Dichter und Zeichner besonders kompetent für unsere Variationen über das bedeutende Thema Liebe. Möge unsere kleine Auswahl ihren Weg machen unter der Vorgabe ihres Mottos:

„Liebe - sagt man schön und richtig -
ist ein Ding, was äußerst wichtig.“

Ehefreuden

„*Was denken Sie über die Ehe?*“ wurde Wilhelm Busch, fünfzehn Jahre nach dem Erscheinen des ersten Teils seiner Knopp-Trilogie, gefragt. Seine Antwort: „*Wenn alles ehrlich zugeht, sehr hoch.*“ Im „*Wenn*“ dieses Vorbehaltes klingt denn auch all die Skepsis an, die er der Institution Ehe gegenüber hegt. Diese Bedenken, die sich schon bei dem Vierzigjährigen verfestigt hatten, bringt auch der Innentitel von „*Herr und Frau Knopp*“ zum Ausdruck: Knopp ist wie ein menschliches Zugtier vor einen zweirädrigen Karren gespannt. Auf dem Bock sitzt peitscheschwingend seine Frau, während Amor grinsend neben ihr hockt und das Baby im angehängten Wägelchen mitfährt.

„*Lassen wir uns durch einige urgemütlich-friedlich-drollige Züge in den ersten drei Kapiteln nicht über Abgründe hinwegtäuschen*“, meint wohl zu Recht der Busch-Biograph Friedrich Bohne*). Aber wie auch immer: Gerade die Kapitel der Knopp-Trilogie *(„Abenteuer eines Junggesellen“, „Herr und Frau Knopp“ und „Julchen“)* werden als humorvoll-bürgerliche Schilderung des Alltags von Liebes- und Eheleuten von jeher geschätzt, sind in allen einschlägigen Busch-Alben vertreten und eröffnen daher auch unsere kleine Kollektion:

O wie lieblich, o wie schicklich,
Sozusagen herzerquicklich,
Ist es doch für eine Gegend,
Wenn zwei Leute, die vermögend.

*) Friedrich Bohne, Wilhelm Busch. Leben, Werk, Schicksal; Zürich/Stuttgart 1958

Außerdem mit sich zufrieden,
Aber von Geschlecht verschieden,
Wenn nun diese, sag ich, ihre
Dazu nötigen Papiere,
Sowie auch die Haushaltssachen
Endlich mal in Ordnung machen
Und in Ehren und beizeiten
Hin zum Standesamte schreiten,
Wie es denen, welche lieben,
Vom Gesetze vorgeschrieben;
Dann ruft jeder freudiglich;
„Gott sei Dank, sie haben sich!"

Daß es hierzu aber endlich
Kommen muß, ist selbstverständlich
Oder liebt man Pfänderspiele?
So was läßt den Weisen kühle.
Oder schätzt man Tanz und Reigen?
Von Symbolen laßt uns schweigen.
Oder will man unter Rosen
Innig miteinander kosen?
Dies hat freilich seinen Reiz;
Aber elterlicherseits
Stößt man leicht auf so gewisse
Unbequeme Hindernisse,

Und man hat, um sie zu heben,
Als verlobt sich kundzugeben.

Das ist allerdings was Schönes;
Dennoch mangelt dies und jenes.
Traulich im Familienkreise
Sitzt man da und flüstert leise,
Drückt die Daumen, küßt und plaudert,
Zehne schlägt's, indes man zaudert,
Mutter strickt und Vater gähnt,
Und, eh man was Böses wähnt,
Heißt es: „Gute Nacht, bis morgen!"

Tief im Paletot verborgen,
Durch die schwarzen, nassen Gassen,
Die fast jeder Mensch verlassen,
Strebt man unmutsvoll nach Hause
In die alte, kalte Klause,
Wühlt ins Bett sich tief und tiefer,
Schnatteratt! so macht der Kiefer,
Und so etwa gegen eine
Kriegt man endlich warme Beine.
Kurz, Verstand sowie Empfindung
Dringt auf ehliche Verbindung.

Dann wird's aber auch gemütlich.
Täglich, stündlich und minütlich
Darf man nun vereint zu zween
Arm in Arm spazieren gehen!
Ja, was irgend schön und lieblich,
Segensreich und landesüblich
Und ein gutes Herz ergetzt,
Prüft, erfährt und hat man jetzt.

Eheliche Ergötzlichkeiten

Ein schönes Beispiel, das obiges wahr,
Bieten Herr und Frau Knopp uns dar.

Hier ruht er mit seiner getreuen Dorette
Vereint auf geräumiger Lagerstätte.

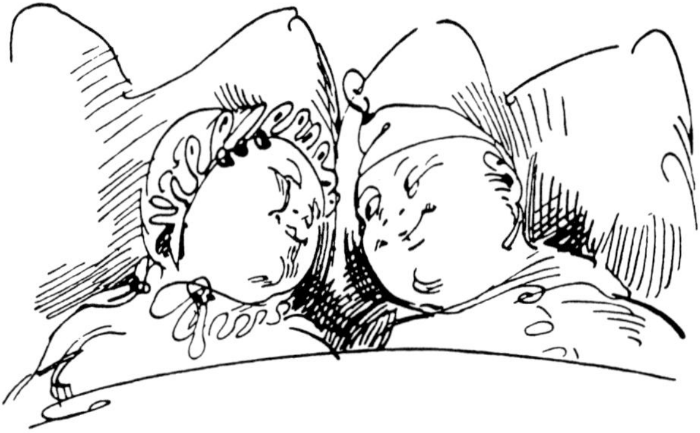

Früh schon erhebt man die Augenlider,
Lächelt sich an und erkennt sich wieder,

Um alsobald mit einem süßen
Langwierigen Kusse sich zu begrüßen.

Knopp aber, wie er gewöhnlich pflegt,
Ist gleich sehr neckisch aufgelegt.

Ganz unvermutet macht er: Kieks!
Hierauf erhebt sich ein lautes Gequieks.
Dorette dagegen weiß auch voll List,
Wo Knopp seine lustige Stelle ist.

Nämlich er hat sie unten am Hals.
Kiewieks! Jetzt meckert er ebenfalls.

Nun freilich möchte sich Knopp erheben
Und schnell vom Lager hinwegbegeben,
Wird aber an seines Kleides Falten

Spiralenförmig zurückgehalten.
Husch! Er nicht faul, eh man sich`s denkt,
Hat sich nach hinten herumgeschwenkt

Und unter die Decke eingebohrt,
Wo man recht fröhlich herumrumort.

Nach diesen gar schönen Lustbarkeiten
Wird's Zeit zur Toilette zu schreiten.

Auch dieses gute Elternpaar schläft den Schlaf der Gerechten, als Hermine sich mit List und Tücke davonschleicht zum abendlichen Tanzvergnügen *(„Die Kirmes" in „Dideldum")*

Fest schlief das gute Elternpaar
Am Abend, als die Kirmes war.

Der Vater hält nach seiner Art
Des Hauses Schlüssel wohl verwahrt;

Indem er denkt: „Auf die Manier
Bleibt mein Herminchen sicher hier!“

Ach, lieber Gott, ja, ja, so ist es!
Nicht wahr, ihr guten Mädchen wißt es:

Kaum hat man was, was einen freut,
So macht der Alte Schwierigkeit!

Ein Bild ehelicher Eintracht von Papa und Mama Fittig, noch ohne jede Vorahnung kommender Ärgernisse mit den ungezogenen Söhnen und deren Findelhunden spiegelt eingangs die Bildergeschichte „*Plisch und Plum*“:

Papa Fittig, treu und friedlich,
Mama Fittig, sehr gemütlich,
Sitzen, Arm in Arm geschmiegt,
Sorgenlos und still vergnügt
Kurz vor ihrem Abendschmause
Noch ein wenig vor dem Hause,
Denn der Tag war ein gelinder,
Und erwarten ihre Kinder.

In den Ehehafen laufen schließlich auch Angelika und Georg Michael ein *(„Pater Filucius“)*:

„Länger will ich nicht mehr hausen
Wie seither als Junggesell.

Hier Angelika, die gute,
Werde Madam Michael.“

Drauf ergreift das Wort Herr Fibel,
Und er spricht: „Eiei! Sieh da!
Ich erlaube mir zu singen:
Vivat Hoch! Halleluja!"

Auf der nächsten Station ehelicher Zweisamkeit, auf Hochzeitsreise, treffen wir in der „*Frommen Helene*“ Lenchen und ihren frisch angetrauten Gatten G. J. C. Schmöck im altberühmten Heidelberg:

´s war Heidelberg, das sich erwählten
Als Freudenort die Neuvermählten.

Wie lieblich wandelt man zu zwein
Zum Schloß hinauf im Sonnenschein.

„Ach, sieh nur mal, geliebter Schorsch!
Hier diese Trümmer, alt und morsch!“

„Ja!“ - sprach er - „Aber diese Hitze!
Und fühle nur mal, wie ich schwitze!“

Ruinen machen vielen Spaß.
Auch sieht man gern das große Faß.

Und - alle Ehrfurcht! - muß ich sagen.

Alsbald, so sitzt man froh im Wagen

Und sieht das Panorama schnelle
Vorüberziehn bis zum Hotelle;

Denn Spargel, Schinken, Koteletts
Sind doch mitunter auch was Nett's. [...]

Auf Freiersfüßen

In München, wo Wilhelm Busch sich von 1854 an im dortigen Künstlerverein *„Jung-München"* wohlfühlte, schlugen die Herzen der Kunstjünger durchaus auch für das schöne Geschlecht. Diese vielfältige Zuneigung spiegelt sich in zahlreichen Variationen unseres Themas in Text und Bild, die Wilhelm Busch vor dem großen Durchbruch mit *„Max und Moritz"* gegen zunächst spärliche Honorare in den *„Fliegenden Blättern"* bzw. in den *„Münchener Bilderbogen"* veröffentlichte. Der kleinen Blütenlese aus jenen Jahren schalten wir eine Selbstkarikatur vor, die der nach allgemeinem Urteil äußerlich sehr stattliche Wilhelm Busch der *„Vielgeliebten im Ammerland zur freundlichen Erinnerung"* widmete:

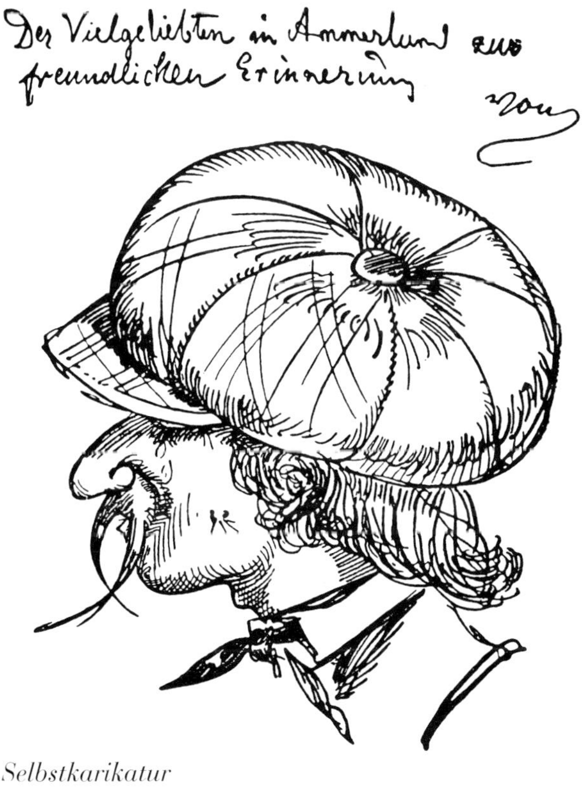

Selbstkarikatur

Metaphern der Liebe

Welche Augen! Welche Miene!
Seit ich dich zuerst gesehen,
Engel in der Krinoline,
Ist's um meine Ruh' geschehen.

Ach! in fieberhafter Regung
Lauf' ich Tag und Nacht spazieren,
Und ich fühl' es, vor Bewegung
Fang' ich an zu transpirieren. [...]

In der Ballade „*Schreckliche Folgen eines Bleistifts*" warnt der lebenserfahrene alte Lehrmeister Murillo seinen hoffnungsvollen Kunstschüler Pedrillo vor dem leichtfertigen Umgang mit jungen Damen:

Aber abends, wo ein jeder
Gerne seine Ruhe hat,
Führt' Pedrillo jenes Mädchen
Oft spazieren vor der Stadt.

Einstmals merkte dies Murillo
Und er sprach mit ernstem Ton:
„Was ich eben da bemerke,
Das gefällt mir nicht, mein Sohn;

Denn ich glaube, daß du hierin
Sehr auf falschem Wege bist,
Weil es erstens sehr gefährlich,
Zweitens auch nicht nötig ist."

Doch Pedrillo (wie gewöhnlich
Diese jungen Leute sind)
Schlug Murillos weise Lehre
Lirum, larum! in den Wind

In Wilhelm Buschs ausgelassenen, vom Münchener Fasching beflügelten *„Liedern eines Lumpen“*, geht es auch um eine Herzallerliebste. Buschs Texte hat sein Malerfreund Wilhelm Diez mit Figurinen verziert, die unverkennbar das Konterfei des Dichters tragen.

Sie sah wie eine Blume aus
In ihrer Krinolinen.
Ich bin als schwarzer Käfer mir
In meinem Frack erschienen.

Für einen Käfer - welche Lust!-
An einer Blume baumeln;
Für mich - welch' Glück! - an ihrer Brust
Im Tanz dahinzutaumeln.

Doch - ach! - mein schönes Käferglück,
Das war von kurzer Dauer;
Ein kläglich schnödes Mißgeschick
Lag heimlich auf der Lauer.

Denn, weiß der Teufel, wie's geschah,
Es war so glatt im Saale -
Ich rutschte - und so lag ich da
Rumbums! - mit einem Male.

An ihrem seidenen Gewand
Dacht' ich mich noch zu halten -
Ritsch ratsch! Da hielt ich in der Hand
Ein halbes Dutzend Falten.

Sie floh entsetzt. - Ich armer Tropf,
Ich meint', ich müßt' versinken.
Ich kratzte mir beschämt den Kopf
Und tät' beiseite hinken.

In der „*Entführung aus dem Serail*" muss der Sultan erleben, wie ihm seine schöne Gefangene durch List und den Mut des Ritters Artur entführt wird.

[...]
Kaum sind die beiden Türken oben,
Da wird die Leiter umgeschoben. [...]

Das Pärchen aber, froh und heiter,
Entflieht per Schiff und segelt weiter.

Erste kleinere Bildergeschichten in den „*Fliegenden Blättern*“ variieren auf eine schon für Busch typische Weise das Liebesthema wie zum Beispiel der Karnevalsschwank „*Eginhard und Emma*“.

[...]
Der alte Friedrich schleicht beiseit;
Der Kaiser schaut, wie's draußen schneit.

Was sieht er da, vor Schreck erstarrt?
Die Emma trägt den Eginhard.

Er ruft die Wache gleich herbei
Und spricht: „Jetzt fangt mir diese zwei!“

Die Wache nimmt den Eginhard
Beim Kragen mit der Hellebard,

Und als man sie zum Kaiser bringt,
Da steht er würdevoll und winkt.

Sie knien und sind vor Tränen stumm;
Der Kaiser dreht sich gar nicht um.

Jetzt aber wird er mild und weich
Und spricht gerührt: „Da habt Ihr Euch!“

Ohne Text blieb die zwölfteilige Bilderfolge „*Das gestörte Rendezvous*“, das hoffnungsfroh beginnt, aber alsbald den mit einer spitzen Forke bewaffneten Nebenbuhler auf den Plan ruft und im Chaos endet.

Was Eifersucht anzurichten vermag, erfahren wir auch in der frühen Bildergeschichte „*Müller und Schornsteinfeger*", die letztlich jedoch im Quartett glücklich Liebender endet. Dort lesen wir denn auch die oft zitierte, unumstößliche Weisheit:

Mann sieht, daß es Spektakel gibt,
Wenn man sich durcheinander liebt.

Zum Schluß ist Zank und Streit vorbei.
Sie lieben sich zu zwei und zwei.

„Ein Blümlein hübsch und fein ...“

Bevor wir uns nach diesen kleinen Variationen zum Thema Liebe nun den Mitteln und Methoden, aber auch den Problemen und Hindernissen zuwenden, die sich aus der Perspektive Wilhelm Buschs jungen Menschen auf dem Weg in die traute Zweisamkeit entgegenstellen, werfen wir einen Blick in die Biographie des Einsamen.

Der bekannte in „*Was mich betrifft*“ 1886 unter anderem:

„Meine Studien teilen sich naturgemäß in beliebte und unbeliebte. Zu den ersten rechne ich Märchenlesen, Zeichnen, Forellenfischen und Vogelstellen. Zwischen all dem herum aber schwebte beständig das anmutige Bildnis eines blonden Kindes, dessen Neigung zu fesseln, oder um die eigene glänzen zu lassen, ein fabelhafter Reichtum, eine übernatürliche Gewandtheit und selbst die bekannte Rettung aus Feuersgefahr mit nachfolgendem Tode zu den Füßen der Geliebten sehr dringend zu wünschen schien.“

Was sonst noch von Jugendlieben in Hannover, Wiedensahl oder anderswo erzählt wird, ging wohl kaum über die altersüblichen Schwärmereien hinaus. Ernster war es indessen wohl um den damals 32jährigen Münchener Studiosus bestellt. „*In Wolfenbüttel blieb ich 14 Tage... Ein hübsches Kind, das ich da wieder fand, bot mir aufs neue manch heimlich gute Stunde. Ein närrisches Herz, was der Mensch im Leibe hat,*" schrieb Busch 1864 an seine Münchner Freunde.

Bei dem „*hübschen Kind*" handelte es sich um die damals gerade erst 17 Jahre alte Anna Richter, Tochter des Kurzwarenhändlers Adolph Richter. Der klug rechnende Kaufmann wollte von einer Verbindung mit einem Manne, der sich der in seinen Augen brotlosen Kunst der Schriftstellerei widmete, nichts wissen und wies den Freier ab. Das Mädchen, das bei Buschs Bruder Gustav im Forsthaus Kochen lernte, hat sich später mit einem kleinen Beamten getröstet. Busch aber, der - soweit wir seiner Biographie und seinen Briefen vertrauen dürfen - nach dieser Enttäuschung nie wieder an eine feste Bindung dachte und vielleicht zum Ehemann auch gar nicht geeignet gewesen wäre, reagierte seinen zurückliegenden Kummer in einem Gedicht der „*Kritik des Herzens*" ab:

Sie war ein Blümlein hübsch und fein,
Hell aufgeblüht im Sonnenschein.
Er war ein junger Schmetterling,
der selig an der Blume hing.

Oft kam ein Bienlein mit Gebrumm
Und nascht und säuselt da herum.
Oft kroch ein Käfer kribbelkrab
Am hübschen Blümlein auf und ab.

Ach Gott, wie das dem Schmetterling
So schmerzlich durch die Seele ging.

Doch was am meisten ihn entsetzt,
Das Allerschlimmste kam zuletzt.
Ein alter Esel fraß die ganze
Vom ihm so heiß geliebte Pflanze.

Für eine Zeitlang nimmt Busch, nachdem sein Münchener Kapitel ziemlich abrupt beendet worden war, Wohnung im Hause des Bankiers Keßler in Frankfurt am Main, dessen Töchtern Nanda und Letty Wilhelm Buschs Bruder Otto Privatunterricht erteilte. Für Wilhelm Busch waren die beiden Kinder immer die Brücke zur Mutter. Er verehrte die für ihn unerreichbare, damals etwa 40jährige Frau schwärmerisch, aber doch mit gebührender Distanz. Von Johanna Keßler schuf er ein unsigniertes Profilbild, in das der Maler seine ganze Seele legte.

Niemals sonst ist Wilhelm Busch, der später in der ehemaligen Keßlerschen Kutscherwohnung, Wiesnau 15, einen eigenen Hausstand einrichtete, so umhegt und verwöhnt worden wie in den Frankfurter Jahren im Umkreis der Keßlers. Briefe, die er später von Wiedensahl aus an Nanda und Letty schickte, schlossen stereotyp aber herzlich stets mit Grüßen an die Frau Mama, in denen allemal das Herz mitsprach: *„...Grüßt tausend Mal das ganze Haus, doch Jede, welche dieses liest, sei fünf Milliardenmal gegrüßt.“*

Gegenüber soviel - übrigens beiderseitige - Zuneigung blieb das Jahr 1875, das einen regen Briefwechsel und schließlich auch eine in Mainz enttäuschend verlaufene persönliche Begegnung mit der holländischen Schriftstellerin Marie Anderson brachte, eher Episode. Die kurzzeitige Verbindung hatte ihren Ursprung in einer positiven Bewertung der „Kritik des Herzens“ durch Marie Anderson, über die Busch sich sehr freute.

Ein Dreivierteljahr dauerte das rege *„Zwiegespräch über den platonischen Zaun“*, in dessen Verlauf 70

Briefe - er schrieb deutsch, sie holländisch - hin und her gingen, ehe die Korrespondenz allmählich nachließ und schließlich ganz abbrach.

Auf Marie Andersons Frage, warum er denn Junggeselle geblieben sei, hatte Busch geantwortet:

„Als ich gerne geheiratet hätte, da mußte ich von 400 Gulden im Jahr leben und studieren, und das habe ich auch, ohne Schulden zu machen, fertig gebracht. Später, als ich pekuniär in der Lage gewesen wäre, zu heiraten, da war das Mädchen, das ich liebte, anderweit verheiratet."

Nur der Vollständigkeit halber sei in diesem Zusammenhang schließlich auch jener Briefwechsel erwähnt, der zwischen der Gutsbesitzerin Marie Hesse und Wilhelm Busch über drei Jahrzehnte hinweg geführt wurde in einem Ton, wie er unter guten Bekannten üblich ist. Die beiden hatten sich während eines gemeinsam verbrachten Sommers auf der Insel Borkum kennengelernt.

Nach diesem biographischen Exkurs wenden wir uns wieder dem Wilhelm Busch der großen Bildergeschichten zu und klopfen sie ab nach unserem Thema.

„Wenn das die Tante wüßte“

Vetter Franz, ein ausgemachter Schwerenöter, hat schon bald nach seiner Ankuft im Haus des biederen Onkel Nolte Helenes Herz gewonnen („*Die fromme Helene*“):

Helenchen wächst und wird gescheit
Und trägt bereits ein langes Kleid.

„Na, Lene! hast du's schon vernommen?
Der Vetter Franz ist angekommen."
So sprach die Tante früh um achte,
Indem sie grade Kaffee machte.
„Und hörst du, sei fein hübsch manierlich
Und zeige dich nicht ungebührlich,
Und sitz' bei Tische nicht so krumm
Und gaffe nicht soviel herum.
Und ganz besonders muß ich bitten:
Das Grüne, was so ausgeschnitten -
Du ziehst mir nicht das Grüne an,
Weil ich's nun mal nicht leiden kann."

*

Und Franz war wirklich angenehm,
Teils dieserhalb, teils außerdem.

Wenn in der Küche oder Kammer
Ein Nagel fehlt - Franz holt den Hammer!

Wenn man den Kellerraum betritt,
Wo's öd und dunkel - Franz geht mit!

Wenn man nach dem Gemüse sah
In Feld und Garten - Franz ist da!

Oft ist z.B. an den Stangen
Die Bohne schwierig zu erlangen.

Franz aber faßt die Leiter an,
Daß Lenchen ja nicht fallen kann.

Und ist die dann da oben fertig -
Franz ist zur Hilfe gegenwärtig.

Kurzum! Es sei nun, was es sei -
Der Vetter Franz ist gern dabei. [...]

Nur freilich sah der Franz sich zu Helenes Kummer gern auch nach anderen Weiblichkeiten um:

Eins aber war von ihm nicht schön:
Man sah ihn oft bei Hannchen stehn!

Doch jeder Jüngling hat wohl mal
'n Hang fürs Küchenpersonal,
Und sündhaft ist der Mensch im ganzen!
Wie betet Lenchen da für Franzen!!

Franz hat bei Lenchen einen tiefen Eindruck hinterlassen. Sie schreibt ihm im Gedenken seliger Stunden einen Liebesbrief:

„Und wenn er sich auch ärgern sollte,
Was schert mich dieser Onkel Nolte!“

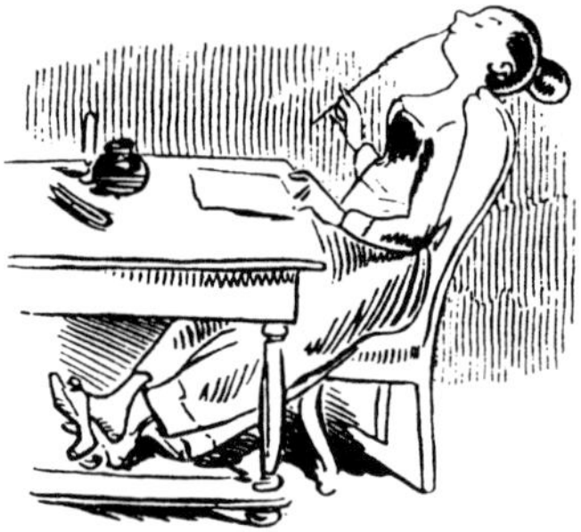

So denkt Helene, leider Gotts!
Und schreibt dem Onkel grad zum Trotz:

„Geliebter Franz!
Du weißt es ja, Dein bin ich ganz!

Wie reizend schön war doch die Zeit,
Wie himmlisch war das Herz erfreut,

Als in den Schnabelbohnen drin
Der Jemand eine Jemandin,

Ich darf wohl sagen: herzlich küßte. -
Ach Gott, wenn das die Tante wüßte! [...]

Ein böses Erwachen aus seinen Liebesträumen gibt es für den Jüngling Antonius, der wintertags seiner angebeteten Schönen ein Ständchen bringt und zu spät bemerkt, daß ihr angetrauter Gatte den Ort des heimlichen Rendezvous betritt („*Der heilige Antonius von Padua*“).

Ein Irrtum, welcher sehr verbreitet
Und manchen Jüngling irreleitet,
Ist der: daß Liebe eine Sache,
Die immer viel Vergnügen mache.

Antonio meinte dieses, als
Er größer wurde, ebenfalls. -

Denn ach! noch immer liebt' er ja
Die schon erwähnte Julia,
Selbst dann noch, als die Auserwählte
Sich einem Manne anvermählte.-

An einem Abend, kalt und bitter,
Als er, wie öfters schon, die Zither
Vor ihrem Fenster klagend schlägt,
Ob er vielleicht ihr Herz bewegt,

Pst! pst! ertönt es da hernieder,
Daß durch die halberstarrten Glieder
Ein wonnevoller Schrecken dringt.
Pst! pst! Sieh da! Sie winkt, sie winkt!
Von Hoffnungsflügeln sanft gehoben
Schwebt er treppauf und fliegt nach oben.

Wer möchte nicht, wenn er durchfroren,
Die halbverglasten, steifen Ohren

An einen warmen Busen drücken
Und so allmählich sich erquicken? [...]

Dass Liebe nach alter Spruchweisheit auch durch den Magen geht, haben Freier und Ehemänner ebenso wie Junggesellen nach der Art unseres Wilhelm Busch stets rasch erkannt:

Dämmrung war es, als Adele
Mit dem Freunde ihrer Seele,
Der so gerne Pudding aß,
Traulich bei der Tafel saß.

„Pudding", sprach er, „ist mein Bestes!"
Drum zum Schluß des kleinen Festes
Steht der wohlgeformte große
Pudding mit der roten Sauce
Braun und lieblich duftend da,
Was der Freund mit Wonne sah.
(„Fips der Affe")

„Schnurrdiburr oder Die Bienen" schildert uns das zarte Verhältnis, das sich zwischen der schüchternen Christine und dem Lehrer Knörrje entspinnt:

Zuweilen brauchet die Familie
Als Suppenkraut die Petersilie.
Und da nun grad Christine Dralle
Heut' morgen auch in diesem Falle,
So sieht man sie mit Wohlgefallen

In ihres Vaters Garten wallen.
Herrn Knörrjes Garten liegt daneben;
Und ach! sie denkt an Knörrje eben.
Zu Anfang schätzt sie ihn als Lehrer;
Dann aber immer mehr und mehrer;

Und also schlich die süße Pein
Sich peu à peu ins Herz hinein.
Die Liebe - meistens schmerzlich heiter -
Vergißt gar leicht die Suppenkräuter. [...]

Herr Knörrje aber faßt ans Kinn
Christinen seiner Nachbarin.
Er hebt es leise in die Höh' -
Ach ja! und sie errötete!

„Hier diese Blumen, darf ich's wagen?"
Christine wagt nicht nein zu sagen.

Jetzt faßt er sanft ihr um das Mieder,
Ach ja! und sie errötet wieder.

Und jetzt, da gibt er gar zum Schluß
Dem guten Mädchen einen Kuß.

„Ade! Und also so um zehn
Beim Bienenhaus! Auf Wiedersehn!"

Bitteres Lehrgeld für allzu viel Leichtfertigkeit im Umgang mit jungen Damen muß der Studiosus Hieronymus Jobs zahlen („*Bilder zur Jobsiade*“):

So sitzt er nun im Wageneck,
Gedenkt an seine Dukaten, die weg,

Und ist voll tiefer Melancholie. -
Ein hübsches Mamsellchen sitzt vis-à-vis. [...]

Wie nun Hieronymus weiter fuhr,
Denkt er sich so: Was ist wohl die Uhr?
Er sucht sie vorne, er sucht sie hinten,
Aber er kann die Uhr nicht finden.

Auweh! Jetzt fällt's ihm plötzlich ein:
Man soll mit Vorsicht zärtlich sein.

„Tiefgeliebt und hochgeehrt"

Werfen wir aber schließlich nochmals einen Blick auf Tobias Knopp, an dessen ehelichen Freuden wir eingangs schon teilhatten. Als der Junggeselle noch auf Freiersfüßen wandelte, wurde ihm eine herbe Enttäuschung zuteil („*Abenteuer eines Junggesellen*"):

Allererst und allsofort
Eilet Knopp an jenen Ort,
Wo sie wohnt, die Wohlbekannte,
Welche sich Adele nannte;
Jene reizende Adele,
Die er einst mit ganzer Seele
Tiefgeliebt und hochgeehrt,
Die ihn aber nicht erhört,
So daß er, seit dies geschah,
Nur ihr süßes Bildnis sah.

Transpirierend und beklommen
Ist er vor die Tür gekommen,
Oh, sein Herze klopft so sehr,
Doch am Ende klopft auch er.

„Himmel" - ruft sie - „welches Glück!!"
(Knopp sein Schweiß, der tritt zurück)

„Komm, geliebter Herzensschatz,
Nimm auf der Berschäre Platz!

Nur an dich bei Tag und Nacht,
Süßer Freund, hab ich gedacht.

Unaussprechlich inniglich,
Freund und Engel, lieb ich dich!"

Knopp, aus Mangel an Gefühl,
Fühlt sich wieder äußerst schwül,
Doch in dieser Angstsekunde
Nahen sich drei fremde Hunde.

„Hilfe, Hilfe!“ - ruft Adele -
„Hilf, Geliebter meiner Seele!!!“

Knopp hat keinen Sinn dafür.
Er entfernt sich durch die Tür. -

Schnell verläßt er diesen Ort.
Und begibt sich weiter fort.

An Erfahrungen reicher, kehrt Tobias Knopp schließlich reumutsvoll zurück zu seiner getreuten Dorothee.

„Mädchen" - spricht er - „sag mir ob -"
Und sie lächelt: „Ja, Herr Knopp!"

Bald so wird es laut verkündet:
Knopp hat ehlich sich verbündet,

Erst nur flüchtig und zivil,
Dann mit Andacht und Gefühl.

Bald stellt sich Nachwuchs im Hause Knopp ein:

Endlich öffnet sich die Türe
Und es heißt: ich gratuliere!

Friedlich lächelnd, voller Demut,
Wie gewöhnlich, ist Frau Wehmut.
Stolz ist Doktor Pelikan,
Weil er seine Pflicht getan.

Aber unser Vater Knopp
Ruft in einem fort: Gottlob!

In der Geschichte „*Das Gartenhaus*", dem letzten „*Julchen*"-Kapitel, erfahren wir denn schließlich, ob unter den Bewerbern um die Gunst des schönen Kindes der Veterinär Sutitt, Apotheker Mickefett, Küster Klingebiel oder der Forstadjunkt Fritz das Rennen macht.

Julchen ist nun wirklich groß.
Pfiffig, fett und tadellos.

Und der Vater ruft: „Was seh ich?
Die Mamsell ist heiratsfähig!"

Liebe - sagt man schön und richtig -
Ist ein Ding, was äußerst wichtig.
Nicht nur zieht man in Betracht,
Was man selber damit macht,
Nein, man ist in solchen Sachen
Auch gespannt, was andre machen.

Allgemein von Mund zu Munde
Geht die ahnungsvolle Kunde,
Sozusagen ein Gemunkel,
Daß im Garten, wenn es dunkel,
Julchen Knopp mit Försters Fritze
Heimlich wandle oder sitze.

Diese Sage hat vor allen
Drei Personen sehr mißfallen,
Die sich leider ganz entzweit
Durch die Eifersüchtigkeit.

Jeder hat sich vorgenommen:
Ei, da muß ich hinterkommen.

Hier schleicht Sutitt schlau heraus
Zu Herrn Knoppens Gartenhaus,
Wo das Gartenbaugerät
Wohlverwahrt und trocken steht.

Husch! Er schlüpft in das Salett,
Denn es naht sich Mickefett.

Husch! Der zögert auch nicht viel,
Denn es naht sich Klingebiel.

Husch! Auch der drückt sich hinein,
Denn hier naht im Mondenschein,
Wie wohl zu vermuten war,
Das bewußte Liebespaar.

O wie peinlich muß es sein,
Wenn man so als Feind zu drein
Engbedrückt zusammensitzt
Und vor Zorn im Dunkeln schwitzt! -

Siehste wohl! Da geht es plötzlich
Rumpelpumpel, ganz entsetzlich.

Alles Gartenutensil
Mischt sich in das Kampfgewühl;

Und rabum! zum Überfluß
Löst sich lauft der Flintenschuß!

Husch! Da schlupfen voller Schreck
Fritz und Julchen ins Versteck;
Denn schon zeigt sich in der Ferne
Vater Knopp mit der Laterne.

Knipp, der Hund, kratzt an der Tür.
Knopp der denkt: „Was hat er hier?“

Starr und staunend bleibt er stehn
Mit dem Ruf: „Was muß ich sehn??“
Dann mit Fassung in den Zügen
Spricht er: „Na, Ihr könnt Euch kriegen!!“

Jetzt kommt Mutter, jetzt kommt Tante,
Beide schon im Nachtgewande.
Oh, das war mal eine schöne
Rührende Familienszene!!!

Liebe und Liebeswerben sind natürlich auch ein Thema in Wilhelm Buschs letzten großen Bildergeschichten, „*Balduin Bählamm, der verhinderte Dichter*" (1883) und „*Maler Klecksel*" (1884).

Und hier, begleitet von der Ziege,
Kommt Rike über eine Stiege;

Und Bählamm, wie die Dichter sind,
Will diesem anmutsvollen Kind

Als Huldigung mit Scherz und Necken
Ein Sträußlein an den Busen stecken.

Ein Prall - ein Schall - dicht am Gesicht -

Verloren ist das Gleichgewicht.

*

Maler Kuno Klecksel begeht die Unvorsichtigkeit, seine Gönnerin Fräulein von der Ach zur selben Zeit ins Atelier zu bestellen, als dort schon, hinter der Staffelei versteckt, die „*holdnaive Schäferin*“ der vorausgegangenen Karnevalsnacht Position bezogen hat.

Begonnen wird das Konterfei.
Der Spitz schaut hinter die Stafflei.

Der Künstler macht die Sach genau.
Der Spitz, bedenklich, macht wau, wau!

Entrüstet aber wird der Spitz
Infolge eines Seitentritts.

Die Haare sträuben sich dem Spitze,
Die Staffel schwankt. Ausrutscht die Stütze;

Und mit Gerassel wird enthüllt
Der Schäferin verschämtes Bild.

„Die Liebe war nicht geringe...“

Als sehr ergiebig für unser Thema *„Verliebte, Freier, Eheleute“* erwies sich die 1874 erschienene unbebilderte Gedichtsammlung *„Kritik des Herzens“*. *„In kleinen Variationen über ein bedeutendes Thema soll dies Büchlein Zeugnis meines und unseren bösen Herzens ablegen,“* bemerkte Wilhelm Busch handschriftlich auf dem Umschlag der ersten Ausgabe. Weitere Gedichte unserer kleinen Kollektion verdanken wir der Sammlung *„Zu guter Letzt“* aus dem Jahre 1904. Posthum erschien schließlich die Reihe *„Schein und Sein“*. Kurz vor ihrer Veröffentlichung war Wilhelm Busch am 9. Januar 1908, betrauert von seinen vielen Freunden und Verehrern in Deutschland und in aller Welt, im Alter von 76 Jahren sanft entschlafen. Das letzte Lebensjahrzehnt hatte er in der Obhut der Familie seines Neffen Otto Nöldeke im Pfarrhaus von Mechtshausen am Harz verbracht. In dem Harzranddörfchen wurde er auch zur letzten Ruhe bestattet. Abschließend eine kleine Blütenlese aus einer Fülle weiterer Möglichkeiten:

Die Liebe war nicht geringe.
Sie wurden ordentlich blaß;
Sie sagten sich tausend Dinge
Und wußten noch immer was.

Sie mußten sich lange quälen,
Doch schließlich kam's dazu,
Daß sie sich konnten vermählen.
Jetzt haben die Seelen Ruh.

Bei eines Strumpfes Bereitung
Sitzt sie im Morgenhabit;
Er liest in der Kölnischen Zeitung
Und teilt ihr das Nötige mit.
(„Kritik des Herzens")

Es flog einmal ein muntres Fliegel
Zu einem vollen Honigtiegel.
Da tunkt es mit Zufriedenheit
Den Rüssel in die Süßigkeit.
Nachdem es dann genug geschleckt,
Hat es die Flüglein ausgestreckt

Und möchte sich nach oben schwingen.
Allein das Bein im Honigseim
Sitzt fest als wie in Vogelleim.
Nun fängt das Fliegel an zu singen:
Ach, lieber Himmel, mach mich frei
Aus dieser süßen Sklaverei!

Ein Freund von mir, der dieses sah,
Der seufzte tief und rief: „Ja, ja!"
(„Kritik des Herzens")

Greulich

Er hatte, was sich nicht gehört,
Drei Bäute an der Zahl
Und nahm, nachdem er sie betört,
`ne vierte zum Gemahl.

Allein, es war ein kurzes Glück.
Kaum waren sie getraut,
So hat der Hund auch diesen Strick
Schon wieder abgekaut.
(„Zu guter Letzt")

Der Einsame

Wer einsam ist, der hat es gut,
Weil keiner da, der ihm was tut.
Ihn stört in seinem Lustrevier
Kein Tier, kein Mensch und kein Klavier,
Und niemand gibt ihm weise Lehren,
Die gut gemeint und bös zu hören.
Der Welt entronnen, geht er still
In Filzpantoffeln, wann er will.
Sogar im Schlafrock wandelt er
Bequem den ganzen Tag umher.
Er kennt kein weibliches Verbot,
Drum raucht und dampft er wie ein Schlot.
Geschützt vor fremden Späherblicken,
Kann er sich selbst die Hose flicken.
Liebt er Musik, so darf er flöten,
Um angenehm die Zeit zu töten,
Und laut und kräftig darf er prusten,
Und ohne Rücksicht darf er husten,
Und allgemach vergißt man seiner.
Nur allerhöchstens fragt mal einer:
Was, lebt er noch? Ei, Schwerenot,

Ich dachte längst, er wäre tot.
Kurz, abgesehn vom Steuerzahlen,
Läßt sich das Glück nicht schöner malen.
Worauf denn auch der Satz beruht:
Wer einsam ist, der hat es gut.
(„Zu guter Letzt“)

Scheu und treu

Er liebte sie in aller Stille.
Bescheiden, schüchtern und von fern
Schielt er nach ihr durch seine Brille
Und hat sie doch so schrecklich gern.

Ein Mücklein, welches an der Nase
Des schönen Kindes saugend saß,
Ertränkte sich in seinem Glase.
Es schmeckt ihm fast wie Ananas.

Sie hatte Haare wie 'ne Puppe,
So unvergleichlich blond und kraus.
Einst fand er eines in der Suppe
Und zog es hochbeglückt heraus.

Er rollet es auf zu einem Löckchen,
Hat's in ein Medaillon gelegt.
Nun hängt es unter seinem Röckchen
Da, wo sein treues Herze schlägt.
(„Zu guter Letzt")

Es saß in meiner Knabenzeit
Ein Fräulein jung und frisch
Im ausgeschnittnen grünen Kleid
Mir vis-à-vis bei Tisch.

Und wie's denn so mit Kindern geht,
Sehr frömmig sind sie nie,
Ach, dacht ich oft beim Tischgebet,
Wie schön ist doch Marie!
(„Kritik des Herzens")

Man wünschte sich herzlich gute Nacht;
Die Tante war schrecklich müde;
Bald sind die Lichter ausgemacht,
Und alles ist Ruh und Friede.

Im ganzen Haus sind nur noch zween,
Die keine Ruhe finden,
Das ist der gute Vetter Eugen
Mit seiner Base Lucinden.

Sie wachten zusammen bis in der Früh,
Sie herzten sich und küßten.
Des Morgens beim Frühstück taten sie,
Als ob sie von nichts was wüßten.
(„Kritik des Herzens")

Sie hat nichts und du desgleichen;
Dennoch wollt ihr, wie ich sehe,
Zu dem Bund der heil'gen Ehe
Euch bereits die Hände reichen.

Kinder, seid ihr denn bei Sinnen?
Überlegt euch das Kapitel!
Ohne die gehör'gen Mittel
Soll man keinen Krieg beginnen.
(„Kritik des Herzens")

Wenn ich dereinst ganz alt und schwach,
Und 's ist mal ein milder Sommertag,
So hink ich wohl aus dem kleinen Haus
Bis unter den Lindenbaum hinaus.
Da setz ich mich denn im Sonnenschein
Einsam und still auf die Bank von Stein,
Denk an vergangene Zeiten zurücke
Und schreibe mit der alten Krücke
Und mit der alten zitternden Hand

So vor mir in den Sand.
(„Kritik des Herzens")

WILHELM-BUSCH-REIHE

		ISBN
1	**Wilhelm Busch und der Wein**	3-87716-879-5
2	**Essen und Trinken bei Wilhelm Busch**	3-87716-878-7
3	**Ärzte, Apotheker, Patienten**	3-87716-877-9
4	**Musiziert mit Wilhelm Busch**	3-87716-876-0
5	**Schulmeister und Schüler**	3-87716-875-2
6	**Verliebte, Freier, Eheleute**	3-87716-874-4
7	**Wilhelm Busch über alles was da kreucht und fleugt**	3-87716-873-6
8	**Glückwünsche, Reime, Sinnsprüche**	3-87716-872-8
9	**Schreiberlinge und Poeten**	3-87716-871-x
10	**Beamte und Advokaten**	3-87716-870-1
11	**Frisch gezapft bei Wilhelm Busch**	3-87716-858-2
12	**Wilhelm Busch im blauen Dunst**	3-87716-857-4
13	**Wilhelm Busch bittet zur Kasse**	3-87716-804-3
14	**Zeitkritisches bei Wilhelm Busch**	3-87716-758-6
15	**(Un-)Moralisches bei Wilhelm Busch**	3-87716-757-8
	jedes Buch 96 bzw. 120 Seiten, 6,40 €	
16	**Schlag nach bei Wilhelm Busch,** 8,40 €	978-3-87716-726
17	**Lausbub, Lästermaul, Lebensweiser,** 14,50 €	978-3-87716-759
18	**Kochen mit Wilhelm Busch,** 13,40 €	978-3-87716-855

Verlag Schnell · Warendorf